자녀를 위한 기도 1

허경아

공감서재

자녀를 위한 기도 1

© 2025 공감서재, 허경아
초판 1쇄 2025년 8월 13일

지은이　허경아
펴낸이　허경아
디자인　신정민
펴낸곳　공감서재
주소　　경기도 군포시 송부로 96번길 13
전화번호 070　4671　9139
이메일　juboher@hanmail.net
등록　　2025년 4월 16일 (제 2025-0017호)　)
유튜브　공감기도
인스타　a_prayer_of_empathy

※ 가격은 뒤표지에 있습니다

ISBN　979-11-992434-1-5 (02230)

이 책은 저작권법에 의해 보호를 받는 저작물이므로 무단 전재와 복제를 금합니다

소망으로 주님을 닮아가게 하소서

하나님 아버지, 저의 자녀를 하나님의 자녀로 태초에 예정하시고 지으사 우리 가족으로 만나게 하신 아버지의 은혜 감사드립니다.

하나님은 자녀의 빛이요 구원이시니 자녀가 누구도 두려워하지 않게 하소서. 자녀가 하나님을 믿고 의지하여서 낙심하거나 용기를 잃어버리지 않게 하소서. 어려운 일을 만날 때, 잘 감당하며 지혜를 더 얻게 하여주소서. 아버지, 자녀가 믿음과 소망을 굳게 잡고 주님께 영광 돌리는 삶을 살게 하여주소서.

교회에서, 회사에서, 관계 속에서 아버지께서 주신 사명과 은혜로 선한 영향력을 흘려보내게 하시고, 예수님처럼 사랑하는 삶을 살게 하소서.

주님의 신실하심을 믿고 주님께 매 순간 사랑을 고백하며, 주님과 행복한 삶을 보내게 하여주소서. 예수님의 이름으로 기도합니다. 아멘.

만남에도 삶에도 믿음으로 뿌리내리게 하소서

하나님 아버지, 저의 자녀에게 만남의 복을 허락하시고, 자녀가 만나는 이들에게 축복이 되는 사람이 되게 하소서.
아버지, 자녀의 건강을 돌보시며 주님의 날개 아래 안전하게 보호하여 주소서. 항상 기뻐하고, 쉬지 말고 기도하며, 모든 일에 감사하는 삶을 살아가도록 인도하소서.
가족과는 사랑으로 하나 되어, 서로 돕고, 평생 힘이 되고, 기쁨이 되는 우애를 나누게 하소서.
아버지, 그리스도 안에서 구속받은 자녀에게 마귀보다 높은 영적 권세가 주어졌음을 믿습니다. 자녀가 마귀에게 틈을 주지 않게 하시고, 영적 거처를 잃지 않도록 지켜주소서.
예수 그리스도를 아는 믿음 위에 굳게 서게 하시고, 흔들리지 않는 영적 뿌리를 갖게 하소서.
예수님의 이름으로 기도합니다. 아멘.

소명을 이루는 자녀가 되게 하소서

하나님 아버지, 저의 자녀에게 주신 소명을 이루는 데 꼭 필요한 은사와 능력을 주심에 감사드립니다. 자녀가 하나님의 각양 은혜를 맡은 선한 청지기같이 서로 봉사하라 하신 말씀을 따라 섬기며 살아가게 하소서.

아버지, 갓난아기가 자신의 몸을 점차 익혀가듯 저의 자녀도 주님의 몸 된 교회의 지체로서 자신의 은사를 발견하고 계발하게 하소서. 자녀가 은사를 단지 자랑이 아니라 맡은 자로서 잘 관리해야 할 책임이 있음을 알게 하소서.

게으름과 무관심으로 주신 것을 썩히지 않게 하소서. 예수님께서 하나님의 뜻을 행하고, 그분의 일을 이루는 것을 자신의 양식으로 삼으셨듯, 저의 자녀도 주님의 뜻을 따라 살아가는 기쁨을 누리게 하소서.

예수님의 이름으로 기도합니다. 아멘.

복음을 기억하며 흔들리지 않게 하소서

하나님 아버지, 완전한 지혜로 저의 자녀를 사랑하시고 인도해주시니 감사합니다. 아버지, 자녀가 힘든 일을 겪을 때, 마귀는 주님의 사랑을 의심하게 하고 원망하게 합니다. 그 거짓에 속지 않게 하시고, 주님의 신실하심을 믿으며 매 순간 주님께 사랑을 고백하게 하소서.

아버지, 자녀가 죄의 문제로 고통받을 때 진심으로 회개하게 하시고, 그때마다 예수님께서 용서하신다는 복음을 기억하게 하소서. 아버지, 자녀가 어떤 형편에 처하든, 세상의 조건이 어떠하든, 주님이 주시는 영원한 즐거움은 변하지 않음을 믿게 하소서. 어떤 상황에서도 흔들리지 않고 기도하며, 범사에 감사함으로 하나님께 영광 돌리는 자녀가 되게 하소서.

예수님의 이름으로 기도합니다. 아멘

세상을 이기는 믿음을 주소서

하나님 아버지, 저의 자녀가 하나님의 말씀에 순종하며 살아가게 하소서. 성령님께서 자녀의 영을 강하게 붙드시고, 진리의 길로 인도하여 주소서.
위기의 순간에도 두려움에 휘둘리지 않고, 주님을 의지하며 기도하게 하소서.
아버지, 자녀가 쾌락주의와 허무주의에 빠지지 않도록 지켜주소서. 자녀가 세상의 유혹보다 주님을 더 깊이 사랑하게 하시고, 예수 그리스도를 믿는 믿음이 자녀가 세상을 이기는 힘의 근원이 되게 하소서.
자신이 죄인임을 깨달을 때, 회개하는 마음을 주시고, 자비로우신 예수님을 신뢰하며 기도하게 하소서. 날마다 믿음을 구하며 주님을 찾는 자녀가 되게 하시고, 간절히 드리는 기도를 외면하지 않으시는 주님의 은혜를 깊이 경험하게 하소서.
예수님의 이름으로 기도합니다. 아멘.

예배로 삶이 회복되게 하소서

하나님 아버지, 저의 자녀가 하나님께 예배드리도록 지음 받았음을 믿습니다. 예배를 통해 하나님과의 관계가 바로 세워지고, 자녀의 삶도 온전히 회복되기를 원합니다.

아버지, 자녀가 주일 예배를 소중히 여기고, 공부나 다른 어떤 것보다 예배를 우선으로 삼는 믿음의 사람이 되게 하소서. 우선순위를 분명히 지키며, 하나님께 드려야 할 시간을 기쁨으로 구별하게 하소서.

아버지, 저의 자녀가 이 세상 가운데서도 구별된 삶을 살아가게 하소서. 하나님은 빛이시며, 어두움이 조금도 없으신 분이심을 믿습니다. 저의 자녀도 빛 가운데 행하게 하시고, 하나님과 깊이 교제하며 살아가게 하소서.

그리스도의 보혈이 자녀의 모든 죄를 깨끗하게 씻으시고, 날마다 새롭게 하여 주소서.

예수님의 이름으로 기도합니다. 아멘

삶의 중심에서 하나님을 찬양하게 하소서

하나님 아버지, 저의 자녀가 삶의 중심을 자신이 아닌 하나님께 두게 하소서. 하나님을 높이는 삶이 가장 복된 길임을 깨닫게 하여주소서.
아버지, 자녀가 시간 날 때마다 하나님을 찬양하는 사람이 되게 하소서. 캄캄한 밤 외로움 속에서도, 사나운 맹수처럼 위협이 다가올 때에도, 항상 하나님을 찬양했던 다윗과 같게 하소서. 그럴 때마다 다윗과 함께하셨던 주님께서 저의 자녀와도 함께하심을 믿습니다.
아버지, 자녀가 찬양을 통해 하나님을 향한 사랑과 믿음을 표현하게 하소서. 평안할 때도, 고난의 때에도, 입술로 찬양하게 하시고, 특별히 두려움이 밀려올 때, 찬양의 고백이 터져 나와 하나님을 기쁘시게 하며, 주님의 빛이 자녀 위에 비추게 하여주소서.
예수님의 이름으로 기도합니다. 아멘.

유혹을 이기고 빛 가운데 거하게 하소서

하나님 아버지, 저의 자녀가 인터넷에서 나쁜 콘텐츠를 보지 않도록 성령님께서 절제할 수 있는 힘을 주소서. 자녀가 나이에 맞는 건강한 콘텐츠를 분별하여 보게 하시고, 이미 보았던 해로운 내용이 있다면 기억나지 않게 하시며, 주님의 보혈로 덮어주시고 치유하여 주소서.
아버지, 자녀의 마음을 주님의 빛으로 비추사, 어두운 생각이나 유혹이 자리 잡지 못하게 하소서. 마귀가 자녀를 징죄하거나 괴롭히려 할 때, 하나님께서 예수님을 통해 자녀의 죄의 문제를 이미 해결하신 구원자이심을 굳게 믿게 하소서.
아버지, 자녀가 사탄은 자기와 아무 상관이 없음을 믿고 담대히 선포하게 하소서. 자녀가 겸손함으로, 그러나 끈질기게 기도하는 사람이 되게 하소서.
예수님의 이름으로 기도합니다. 아멘.

헛된 염려를 버리고 믿음으로 살게 하소서

하나님 아버지, 저의 자녀가 결코 일어나지 않을 일들을 염려하느라 소중한 시간과 힘을 낭비하지 않게 하여주소서. 자녀가 두려움 때문에 평안과 확신, 용기와 인내를 잃지 않게 하소서. 저의 자녀가 믿음의 주요 또 온전하게 하시는 예수님께 집중하게 하시고, 언제나 함께하시는 예수님으로 인해 결코 혼자가 아님을 믿게 하시며, 자녀 곁에 예수님의 마음을 품은 사람들도 함께하게 하여주소서.
아버지, 마귀가 자녀를 정죄하고 괴롭히려 할 때 말씀으로 그를 물리치며 아무도 자신을 하나님의 사랑에서 끊을 수 없음을 믿음으로 선포하게 하소서, 자녀가 하나님을 의지하며, 신실하신 하나님의 인도하심을 끝까지 신뢰하게 하여주소서.
예수님의 이름으로 기도합니다. 아멘.

시련 앞에서도 믿음으로 견디게 하소서

하나님 아버지, 저의 자녀가 자신의 힘으로 감당할 수 없는 어려움 앞에 설 때, 주님의 능력으로 감싸 주시고 자녀 안에 계신 하나님의 권능을 통해 모든 사람이 주님을 보게 하소서.

자녀가 과거의 실패와 허물에 대한 기억으로 인해 발걸음을 무겁게 하지 않게 하시고, 하나님께서 모든 원수를 자녀의 손에 붙이셨음을 믿으며, 날마다 생명의 능력이 되시는 주님만 의지하게 하소서.

아버지, 자녀가 예상치 못한 때나 원치 않는 방법으로 일이 진행될지라도 쉽게 시험에 들지 않게 하시고, 시험 앞에서도 무너지지 않고 견디게 하소서. 그리스도를 향한 사랑이 자녀의 마음에 깊이 뿌리내리게 하시고, 끝까지 주님을 붙드는 믿음의 자녀가 되게 하소서.

예수님의 이름으로 기도합니다. 아멘.

하나님을 경외함으로 담대하게 살게 하소서

하나님 아버지, 저의 자녀가 하나님을 경외하고, 하나님께 영광과 존귀, 감사와 찬양을 온 마음으로 올려드리게 하소서. 저의 자녀가 주님이 기뻐하시는 길을 걷고, 평안히 거하며, 자손이 복을 누리는 은혜를 누리게 하소서.

아버지, 자녀가 자신의 능력을 넘어서는 어려움 앞에서도 쉽게 포기하지 않게 하시고, 하나님과의 깊은 교제 가운데 믿음으로 그 한계를 뛰어넘게 하소서. 자녀가 사람 앞에서 불안해하거나 주눅 들지 않게 하시고, 담대하게 살아가게 하소서.

아버지, 자녀가 하나님께서 자신을 나타내지 않으실 때에도 주님을 경외하며, 죄와 악에서 떠나는 지혜를 갖게 하시고, 하나님께서 주신 은사를 잃지 않고 충성 되게 감당하게 하소서.

예수님의 이름으로 기도합니다. 아멘.

어려움 속에서도 하나님을 경외하게 하소서

하나님 아버지, 저의 자녀는 환난과 고통 가운데 처할 때, 하나님의 존재나 능력을 분명히 느끼지 못하는 순간에도 주님을 경외하며 두려워하게 하소서.

아버지, 자녀가 하나님보다 다른 사람들의 시선이나 평가에 더 관심을 두지 않게 하시고, 마음이 오직 주님을 향하도록 이끌어주소서. 여호와를 경외하는 자녀에게는 견고한 의뢰가 있으며, 그 마음에 피난처가 있음을 믿습니다. 아버지, 저의 자녀가 어려움 가운데 즉각적인 반응보다 하나님의 말씀에 따라 행동하며, 주님을 경외함으로 모든 난관을 믿음으로 이겨내게 하소서.

자녀가 하나님께서 자신을 보호하시며, 하나님의 영원한 계획 안에서 자녀를 위한 최선의 길을 알고 계심을 굳게 믿게 하소서.

예수님의 이름으로 기도합니다. 아멘.

지식에 머물지 않고 말씀 위에 서게 하소서

하나님 아버지, 저의 자녀가 성경 지식만 가득한 바리새인처럼 되지 않기를 기도합니다. 바리새인들은 모세오경을 암송하고 성경을 철저히 연구하며 메시아를 기다렸지만, 정작 예수님께서 귀신을 쫓고, 병든 자를 고치며, 눈먼 자를 보게 하시고, 죽은 자를 살리시는 일을 보고도 그분이 메시아이심을 알아보지 못했습니다.

아버지, 자녀가 지식에만 머무르지 않게 하시고, 진리이신 예수님을 놓치지 않게 하소서. 오직 성령께서만 자녀에게 하나님의 말씀과 그 뜻을 계시해 주실 수 있음을 믿습니다. 자녀가 성경을 읽을 때마다 성령님께서 그 말씀을 조명해 주시고, 자녀의 심령에 하나님의 음성이 들려오게 하소서. 자녀가 단순한 정보가 아닌 살아 있는 하나님의 말씀을 듣고, 그 말씀 위에 흔들림 없이 서게 하소서.

예수님의 이름으로 기도합니다. 아멘.

하나님과 함께하는 지혜와 담대함을 주소서

하나님 아버지, 저의 자녀에게 모든 대적이 능히 대항하거나 변박할 수 없는 구변과 지혜를 주시고, 하나님께서 항상 함께하심을 굳게 믿게 하소서.
아버지, 자녀가 이 땅에서 하늘의 기준을 따라 살기를 결단하고, 하나님의 고귀한 소명에 순종하는 삶을 살게 하소서. 자녀가 역경의 산 앞에서 물러서지 않고 믿음으로 맞서 싸워 그 산이 옮겨지는 역사를 경험하게 하소서. 세상의 풍속과 유혹에 휩쓸리지 않게 하시고, 그리스도 예수 안에 있는 은혜 속에서 강건하게 하소서.
아버지, 자녀가 어떤 난관 앞에서도 낙심하거나 두려워하지 않고, 담대하고 용감하게 맞설 준비가 되어 있도록 이끌어 주소서.
아버지, 주는 자녀의 도움이시니 자녀가 어떤 상황 속에서도 주님을 끝까지 바라보는 믿음의 용사로 세워주소서.
예수님의 이름으로 기도합니다. 아멘.

악인의 길을 피하고 의인의 길을 걷게 하소서

하나님 아버지, 저의 자녀가 악한 자들의 말을 듣지 않고, 죄인들을 본받지 않게 하소서. 여호와의 율법을 즐거워하며, 그 율법을 밤낮 묵상하는 복 있는 사람이 되길 기도합니다.

아버지, 시냇가에 심은 나무가 철을 따라 과실을 맺고, 그 잎이 마르지 않는 것처럼 자녀가 하는 일이 잘되기를 기도합니다. 아버지, 악인들은 바람에 나는 겨와 같을 뿐입니다. 그들은 심판 날에 무사하지 못하고 죄인들은 의로운 자들 가운데 서지 못할 것입니다. 자녀가 악인의 길을 가지 않고, 여호와께서 지키시는 의인의 길을 가게 하소서.

아버지, 주는 저의 자녀의 방패시요 영광이십니다. 저의 자녀를 낙심에서 일으키시고, 존귀함을 회복시키시며, 당당히 설 수 있도록 도와주소서.

예수님의 이름으로 기도합니다. 아멘.

주의 날개 아래 평안히 거하게 하소서

하나님 아버지, 인자한 눈길로 저의 자녀를 바라보시니 감사합니다. 풍성한 수확을 맞이하는 기쁨보다 더 깊은 기쁨으로 저의 자녀의 마음을 채워주소서. 아버지 자녀를 안전하게 지키시고, 평안히 눕고 잘 수 있도록 도와주소서. 아버지, 저의 자녀의 말에 귀 기울이시고, 그 탄식을 기억하소서. 주의 날개 아래 자녀를 품어주시고, 쇠약할 때 불쌍히 여기시고, 병들었을 때 고쳐주소서.

아버지, 자녀가 주님을 의지하며, 하나님께서 기도에 응답하신다는 믿음으로 담대히 살아가게 하소서. 악한 자 앞에서도 주님을 선포하게 하시고, 모든 원수들이 수치를 당하고 물러가게 하소서. 자녀가 하나님의 의로우심에 감사하며, 지극히 높으신 주님의 이름을 찬양하게 하소서.

예수님의 이름으로 기도합니다. 아멘.

정의와 긍휼로 하나님을 닮게 하소서

하나님 아버지, 주를 찾는 자를 결코 버리지 않으시는 하나님을 찬양합니다. 고통받는 자들을 기억하시고, 그들의 부르짖음을 외면하지 않으시는 주님을 높입니다. 아버지, 저의 자녀가 주님 앞에 겸손히 나아갈 때, 그 소원을 들어주시고 마음을 위로하시며, 자녀의 기도에 귀를 기울여 주소서.
아버지, 하나님은 고아와 억눌린 자를 위해 정의로 심판하시는 분이심을 믿습니다. 저의 자녀도 정의롭고 긍휼히 여기는 사람이 되게 하소서. 하늘 보좌에서 온 땅을 다스리시고 사람의 마음을 감찰하시는 아버지, 저의 자녀의 삶을 살피시고, 자녀가 의롭게 행할 수 있도록 도와주소서. 악을 미워하고 선을 사랑하는 마음을 자녀에게 심어주시며, 주의 말씀을 순전한 은처럼 귀하게 여기게 하소서.
예수님의 이름으로 기도합니다. 아멘.

악에서 지켜주시고 진리로 인도하소서

하나님 아버지, 악한 자들의 손에서 저의 자녀를 지켜주시고, 세상 속의 더럽고 추한 일들로부터 보호하여 주소서. 악한 길을 따르지 않도록, 주님의 진리로 저의 자녀를 이끌어 주소서.

아버지, 자녀가 혼란 중에 주를 잊지 않게 하시고, 주의 얼굴을 숨기지 마시며, 자녀가 부를 때 응답하여 주소서. 절망에 빠지지 않도록 마음의 눈을 밝혀 주시고, 자녀의 원수들이 자녀의 넘어짐을 보고 기뻐하지 못하게 하소서.

아버지, 저의 자녀가 한결같은 주의 사랑을 의지하게 하시고, 주님이 주시는 구원을 기뻐하며 찬양하게 하소서. 아버지, 자녀에게 베푸신 모든 은혜에 감사합니다. 풍성한 복으로 자녀의 길을 인도하여 주소서.

예수님의 이름으로 기도합니다. 아멘.

정직과 진실함으로 주님 앞에 서게 하소서

하나님 아버지, 주님은 의로운 자와 함께하시며 그들의 피난처가 되시니, 저의 자녀가 의로운 사람 되기를 기도합니다. 아버지, 자녀가 정직하게 살고 옳은 일을 행하며 마음에 진실을 말하는 자가 되게 하소서. 남을 비방하지 않고 친구를 해하지 않으며 이웃을 헐뜯지 않게 하소서.

아버지, 자녀가 여호와를 경외하는 자를 존중하게 하시고, 약속한 것은 손해가 되더라도 지키는 사람이 되게 하소서. 돈을 빌려주고도 이자를 받지 않으며, 뇌물을 받고 죄 없는 자를 해치는 일이 없게 하소서. 이런 사람은 주의 성소에 들어갈 수 있고, 거룩한 산에 머물며 영원히 흔들리지 않을 것임을 믿습니다. 자녀가 이 말씀의 길을 따라 걷게 하소서.

예수님의 이름으로 기도합니다. 아멘.

오직 주님만 경외하며 흔들리지 않게 하소서

하나님 아버지, 저의 자녀를 보호하여 주소서. 하나님은 자녀의 주인이시며, 주님을 떠나서는 아무것도 좋은 것을 누릴 수 없습니다.
아버지, 저의 자녀가 다른 신에게 절하지 않게 하시고, 그들의 이름을 부르지 않게 하소서. 오직 주님만을 경외하고 섬기게 하소서. 주님은 자녀의 모든 것이 되시며, 자녀가 필요로 하는 것을 넉넉히 채워주시는 분이십니다. 자녀의 미래도 주님의 손에 있습니다.
아버지, 자녀가 항상 하나님을 자기 앞에 모시게 하소서. 주께서 자녀의 오른편에 계시기에 자녀는 흔들리지 않을 것입니다. 자녀의 마음은 기쁘고, 자녀의 육체도 안전할 것입니다. 주께서 생명의 길을 자녀에게 보이셨사오니, 주와 함께하는 삶 가운데 영원한 즐거움이 있게 하소서.
예수님의 이름으로 기도합니다. 아멘.

주의 날개 아래서 담대히 나아가게 하소서

하나님 아버지, 저의 자녀가 부르짖는 소리에 귀 기울여 주소서. 주님은 언제나 공평하시며 의로우신 분이심을 믿습니다. 자녀가 입술로 죄를 짓지 않도록 지켜주시고, 주의 말씀을 따라 스스로를 삼가며, 잔인하고 악한 자들과 어울리지 않도록 인도하소서.

아버지, 저의 자녀를 주의 눈동자처럼 지켜주시고, 주의 날개 그늘 아래 숨겨 주시며, 안전한 길로 인도하시고 자녀를 기뻐하심으로 구원하여 주시니 감사합니다. 자녀에게 빛을 비추사 그 마음의 어두움을 밝혀 주시니 감사합니다. 자녀가 주님의 도우심으로 적진을 향해 담대히 달려가고, 주께서 주시는 능력으로 어떤 방해도 뛰어넘게 하소서. 자녀가 주께서 응답해 주실 것을 믿고 끊임없이 주님을 찾고 부르게 하소서.

예수님의 이름으로 기도합니다. 아멘.

주님의 인도하심을 삶에서 경험하게 하소서

하나님 아버지, 저의 자녀에게 반석이 되어 주시고, 요새가 되어 주시며, 구원자가 되시고, 방패가 되시고, 모든 위험 가운데 피난처가 되어 주시니 감사합니다.

아버지, 자녀에게 강한 마음과 안전한 길을 허락하셔서 어떤 상황에서도 흔들리지 않게 하소서. 자녀의 발을 사슴의 발처럼 가볍고 힘 있게 하셔서 높은 곳에서도 담대히 걷게 하시고, 삶의 고비마다 주님의 인도하심을 경험하게 하소서. 주의 오른손으로 자녀를 굳게 붙드시고, 주님의 온유하심으로 크게 하여주소서.

아버지, 자녀가 넘어지지 않도록 길을 넓혀 주시고, 불의한 세대 가운데서도 구별된 삶을 살아가게 하소서. 아버지, 자녀의 삶을 통해 주님의 살아계심이 드러나게 하시고, 주님의 뜻을 이루는 사람으로 세워 주소서.

예수님의 이름으로 기도합니다. 아멘.

주의 율법을 사랑하며 마음이 깨끗하게 하소서

하나님 아버지, 저의 자녀가 주께 감사하며, 주의 이름을 찬양하게 하소서. 하나님의 율법은 완전하여 자녀의 영혼을 소생시키며, 주의 증거는 확실하여 자녀를 지혜롭게 하고, 주의 교훈은 정직하여 자녀의 마음을 기쁘게 하며, 주의 계명은 순결하여 자녀의 눈을 밝게 함을 믿습니다. 찬양합니다.

아버지, 자녀가 이 모든 말씀을 순금보다 더 사모하게 하시고, 주의 법도를 기억하고 지켜 큰 상을 받게 하소서. 아버지, 자녀가 고의적인 죄를 짓지 않도록 지켜 주시고, 죄가 자녀를 지배하지 못하게 하소서. 숨겨진 허물에서도 자녀를 깨끗하게 하시며, 자녀의 입술의 말과 마음의 생각이 주께서 보시기에 기뻐할 만한 것이 되게 하소서.

예수님의 이름으로 기도합니다. 아멘.

원수의 위험에서 구원하시고 힘이 되소서

하나님 아버지, 저의 자녀를 도우소서. 자녀가 신음하며 드리는 간구에 귀 기울이시고, 자녀를 멀리하지 마소서. 자녀의 힘이 되시는 여호와여, 속히 오셔서 자녀를 도우시고, 칼날과 같은 위험에서 보호하시며, 사나운 원수의 세력에서 건져 주소서. 사자들의 입에서, 들소들의 뿔에서 자녀를 구원하소서.

아버지, 자녀가 환난을 당할 때 기도에 응답하시고, 야곱의 하나님께서 자녀를 지켜주시며, 성소에서 도우시고, 시온에서 자녀를 붙들어 주소서. 자녀가 드리는 예물을 기억하시고, 모든 제사를 기쁘게 받으시며, 자녀의 마음의 소원을 이루어주시고, 모든 계획을 주의 뜻 안에서 성취하게 하소서.

,예수님의 이름으로 기도합니다. 아멘.

명성과 존귀로 자녀를 세우소서

하나님 아버지, 저의 자녀의 간구를 외면하지 않으시고 풍성한 축복으로 영접하시며, 자녀의 머리 위에 순금 면류관을 씌워 주심을 믿습니다.

아버지, 자녀에게 승리를 주시고 명성과 존귀도 허락하소서. 주님과 동행함으로 한없는 기쁨을 누리게 하시고, 하늘에서 응답하시며, 주의 능력으로 자녀에게 큰 승리를 허락하소서. 자녀가 주 안에서 담대히 일어나 든든히 서게 하시고, 여호와를 의지함으로 가장 높으신 주님의 크신 사랑 안에서 흔들리지 않게 하소서.

아버지, 원수들이 자녀를 해하려 음모를 꾸밀지라도 그 어떤 계략도 이루어지지 못할 것을 믿습니다. 주의 크심으로 높임을 받으소서. 찬양합니다. 예수님의 이름으로 기도합니다. 아멘.

주님이 목자가 되어 평안히 인도하소서

하나님 아버지, 저의 자녀의 목자가 되어 주시니 자녀에게 부족함이 없습니다. 주께서 자녀를 푸른 풀밭에 누이시고, 잔잔한 물가로 인도하시며 자녀의 영혼을 소생시키시고, 주의 이름을 위하여 자녀를 의의 길로 이끌어주시니 감사합니다.

자녀가 죽음의 어둠이 드리운 골짜기를 걸을지라도 두려워하지 않을 것은 주께서 자녀와 함께 계시기 때문입니다. 주의 지팡이와 막대기가 자녀를 보호하시니 자녀는 안심하고 나아갑니다. 주께서 자녀의 원수들 앞에서 상을 차려 주시고, 귀한 손님처럼 자녀를 맞아주시니 자녀의 잔이 넘칩니다.

주의 선하심과 인자하심이 평생에 자녀를 따를 것이며, 자녀는 하나님의 집에서 영원히 거하게 될 것을 믿습니다. 아버지, 모든 은혜에 감사드립니다. 예수님의 이름으로 기도합니다. 아멘.

주님을 의지하며 흔들림 없이 걷게 하소서

하나님 아버지, 저의 자녀가 언제나 주님을 의지하게 하시고, 그로 인해 부끄러움을 당하지 않게 하소서. 어떤 원수도 자녀를 이기고 기뻐하지 못하게 하소서. 자녀가 하나님을 경외하는 마음으로 섬기며, 주님이 택하게 하신 길로 흔들림 없이 걸어가게 하시고, 주님와의 친밀한 관계 안에서 약속의 비밀을 누리게 하소서.

아버지, 자녀의 생각과 행동이 깨끗하고 순수하게 하시며, 우상을 따르지 않고 거짓으로 맹세하지 않게 하소서. 하나님만을 바라보는 믿음의 눈을 갖게 하시고, 자녀의 모든 마음과 동기를 주님께서 살피시며 이끌어 주소서.

아버지, 언제나 주님 앞에서 감사의 찬송을 드리며, 주의 위대하심을 선포하는 자녀가 되게 하소서. 주님께서 모든 위험 속에서도 자녀를 넘어지지 않게 붙들어 주셨음을 찬양합니다.

예수님의 이름으로 기도합니다. 아멘.

주의 집에 거하며 안전한 길로 인도하소서

하나님 아버지, 저의 자녀가 평생 주님의 집에 거하며 주의 아름다우심을 바라보고, 성전에서 주님을 깊이 묵상하는 삶을 살게 하소서. 자녀가 부르짖을 때 들으시고 불쌍히 여기사 응답하여 주소서. 주의 얼굴을 자녀에게서 숨기지 마시고, 자녀가 어려움을 당할 때 친히 도움이 되어 주시며, 주의 길을 가르쳐 주시고 안전한 길로 인도하여 주소서. 아버지, 은혜로 자녀를 산처럼 굳게 세우시고, 슬픔을 기쁨으로 바꾸어 기쁨을 띠게 하소시. 자녀가 주님을 찬양하며 날마다 감사하게 하시고, 주님을 신뢰하여 결코 패배의 수치를 당하지 않게 하소서. 아버지, 주의 이름을 위하여 자녀를 인도하시고 지도하여 주시며, 원수들이 쳐 놓은 그물에서도 자녀를 안전하게 지켜 주소서.
예수님의 이름으로 기도합니다. 아멘.

거짓을 버리고 주님만 신뢰하게 하소서

하나님 아버지, 저의 자녀가 거짓된 것들을 따르지 않고 오직 주님만을 신뢰하며 의지하게 하소서. 주를 의지하는 자들을 위해 예비하신 크신 복을 찬양합니다. 아버지, 저의 자녀가 자신의 죄를 숨기지 않고 솔직히 고백하게 하시고, 회개하는 자에게 베푸시는 주의 크신 용서를 날마다 경험하게 하소서. 죄를 용서하시는 하나님의 은혜 안에 거하며, 마음에 거짓 없이 진실한 삶을 살게 하소서.

아버지, 자녀가 말씀을 따르지 않는 미련한 자가 되지 않고, 하나님의 뜻에 민감하게 순종하게 하소서. 악인의 길은 슬픔으로 가득하지만, 하나님을 신뢰하는 자녀는 주님의 한결같은 사랑 안에 보호받을 것입니다. 자녀가 주께서 행하신 일로 인해 날마다 기뻐하고, 즐거운 마음으로 하나님을 찬양하게 하소서.

예수님의 이름으로 기도합니다. 아멘.

지혜로 인도하시고 꿈을 위해 기도하게 하소서

하나님 아버지, 완전한 지혜로 저의 자녀를 사랑하시고, 자녀의 삶을 신실하게 인도해주시니 감사합니다. 아버지, 자녀가 자신의 꿈을 위해 기도하는 사람이 되게 하소서. 공부에 열정이 없다면, 주님께 아뢰며 열정을 구하게 하소서. 세상의 유혹이 자녀의 마음을 흔들 때에도, 자녀가 말씀 안에서 분별력을 갖고, 집중력을 잃지 않도록 도와주소서. 혼란을 이길 수 있는 힘을 성령께서 부어주소서. 아버지, 자녀가 공부를 통해 타인에게 유익을 주는 사람이 되길 소망합니다. 자녀가 공부의 목적과 참된 의미를 깨달아 공부에 집중하고, 기쁨으로 임하며, 배운 것이 오래 기억되게 하소서. 자녀가 공부하는 모든 과정 속에 주님의 손길을 깊이 경험하게 하소서.
예수님의 이름으로 기도합니다. 아멘.

달란트를 깨닫고 열정으로 걸어가게 하소서

하나님 아버지, 저의 자녀가 세상의 헛된 꿈과 헛된 것들에 마음을 빼앗기지 않도록 지켜주소서. 오직 주님께서 주신 달란트를 깨닫고, 그 은사를 잘 발휘하며 살아가도록 도와주소서.

아버지, 자녀가 자신의 비전을 깨닫고, 그 길을 분별할 수 있는 지혜와 그 길을 걸을 수 있는 열정을 허락하여 주소서. 자녀가 공부할 때 주님의 지혜를 더하여 주시고, 잡념 없이 집중하게 하시며, 순간순간 엉뚱한 생각으로 유도하려는 악한 영의 공격으로부터 보호하여 주소서.

아버지, 자녀가 공부하는 내용이 잘 이해되고, 오랫동안 기억되게 하시며, 공부할 때 졸리지 않고 깨어 있게 하소서. 자녀가 공부의 참맛을 알게 되어 인내심과 성실함으로 노력하게 하소서. 그에 필요한 열정과 체력을 넉넉히 부어주소서. 그리고 자녀가 잠잘 때 주님의 품 안에서 깊이 평안히 잠들게 하소서.

예수님의 이름으로 기도합니다. 아멘.

서로의 다름을 인정하며 진심으로 사랑하게 하소서

하나님 아버지, 저의 자녀가 서로의 다름을 인정하게 하소서. 자녀가 누군가를 사랑하는데 이유가 필요하다고 느끼며, 어떤 사람들은 도무지 어울릴 수 없는 존재처럼 여기는 것을 용서하여주소서.
아버지, 저의 자녀가 좋아하지 않는 사람을 사랑하기 위해서는 자녀의 힘만으로는 부족하며, 주님께서 주시는 특별한 은혜와 도우심이 필요함을 고백합니다. 자녀가 다른 사람에게 잘하려 애쓸 때마다 먼저 하나님께 큰 죄인이었음에도 용서받았던 자신의 모습을 기억하게 하시고, 아버지의 크신 사랑을 떠올리게 하소서. 하나님께서 자녀를 끝까지 사랑하셨듯이 자녀도 마음으로부터 사랑할 수 있도록 도와주소서. 하나님의 사랑을 깊이 깨닫고 그 사랑이 자녀의 안에 흘러넘쳐 다른 이들에게도 전해지게 하소서.
예수님의 이름으로 기도합니다. 아멘.

상처를 넘어 화해와 존중으로 나아가게 하소서

하나님 아버지, 저의 자녀가 자신에게 상처를 입힌 사람들을 외면하지 않고, 화해를 위해 다가가게 하소서. 자신과 다른 사람들을 용납하고, 자신과 의견이 맞지 않는 사람도 존중하고 인내하며 관계를 지켜나가게 하소서.
아버지 자녀가 위에 있는 권위자들에게 순종하게 하소서. 자신을 지도하는 이들을 신뢰하며 따르게 하소서.
아버지, 자녀의 마음을 깊이 살펴 주시고, 사랑을 방해하는 자녀 안의 죄를 깨닫게 하소서. 하나님 앞에서 진정으로 회개하며, 겸손한 마음을 품게 하시고, 다른 사람을 판단하는 자리에 서지 않도록 도와주소서. 자녀가 성령께서 하나 되게 하신 것을 힘써 지키게 하소서.
예수님의 이름으로 기도합니다. 아멘,

진실한 용기와 겸손으로 관계를 회복하게 하소서

하나님 아버지, 저의 자녀가 사람들과 피상적인 관계를 맺는 것이 아니라, 있는 모습 그대로 진실하게 나누고, 자신의 행동도 기꺼이 드러낼 수 있는 용기를 갖게 하소서. 아버지, 자녀가 다른 이들에게 잘못했거나 상처를 주었을 때, 관계를 회복하기 위해 필요한 일이 있다면 기꺼이 감당할 수 있는 겸손한 사람이 되기를 기도합니다. 자녀가 자신의 방식만을 고집하지 않고, 분수에 넘치게 나서지 않는 온유한 태도를 배우게 하소서.
아버지, 자녀에게 다른 사람이 틀렸을지라도 조급하게 판단하지 않고, 사랑으로 기다려 줄 수 있는 인내를 주시고, 누군가 약할 때 주저 없이 돕는 사람이 되게 하소서.
아버지, 겸손과 온유, 오래 참음과 사랑을 자녀의 삶의 태도로 삼아, 참된 능력을 가진 삶을 살아가도록 도와주소서.
예수님의 이름으로 기도합니다. 아멘.

사랑과 은혜의 말을 하는 자녀 되게 하소서

하나님 아버지, 저의 자녀가 언제나 직접적이고 솔직하며 정직하게 참된 것을 말하되, 분노나 쓴 뿌리, 불친절한 태도로 말하지 않도록 도와주소서. 아버지, 자녀가 무슨 말을 하든지 신중하게 가려서 하는 사람이 되게 하시고, 단순히 솔직했을 뿐이라고 변명하며 말로 상처를 주지 않게 하소서. 또한 나서지 않아도 될 때 불필요하게 개입하여 말함으로써 다른 사람을 낙심하게 하지 않도록 저의 자녀를 지켜 주소서.

아버지, 자녀가 다른 사람들에게 유익이 되는 말을 하게 하시고, 그들의 실수나 죄를 반복해서 이야기하며 불신을 퍼뜨리거나 분열을 조장하지 않게 하소서. 자녀 안에 있는 비판적인 마음을 깨뜨려 주시고, 사랑과 은혜의 말이 자녀의 입술에서 흘러나오게 하소서.

예수님의 이름으로 기도합니다. 아멘.

진실하고 풍성한 우정을 나누게 하소서

하나님 아버지, 저의 자녀가 덜 진짜인 우정을 나누고 있는지 돌아보게 하소서. 덜 진짜인 우정이 덜한 이유는 진짜 우정보다 덜 희생해도 되고 덜 헌신해도 무방하며, 방해를 덜 받고, 덜 두렵고, 용기나 끈기도 덜 필요로 하며, 무엇보다 덜 불확실하기 때문입니다.

아버지, 자녀가 덜 진짜인 우정은 그만큼 덜 풍성함을 알게 하여 주소서. 자녀가 소셜 미디어를 통해 친구가 되고 좋아하고, 팔로워가 되는데 진짜 우정과 달리 가면 뒤에 숨기가 쉽습니다. 이것이 자녀의 주된 인간관계의 방식이 되지 않게 하시고, 고립과 외로움이 깊어지지 않게 하여주소서.

아버지, 자녀에게 온라인에서도 풍성한 관계를 누리는 지혜와 진심을 가지게 도와주소서.

예수님의 이름으로 기도합니다. 아멘.

자기 가치를 깨닫고 감사하게 하소서

하나님 아버지, 저의 자녀가 계속해서 다른 사람과 자신을 비교하며 자신을 평가하는 어리석음에서 벗어나게 하소서. 자신의 가치를 증명하려 하거나, 다른 사람을 따라잡아야 한다는 중압감에 시달리지 않게 하시고, 주님께서 자녀를 지으신 그대로 받아들이고 감사하는 마음을 주소서.

아버지, 자녀가 질투로 인해 적대감을 품거나 분노하지 않게 하시고, 다른 사람이 자신을 어떻게 볼까 두려워하여 그들을 높여 주는 여유조차 없는 사람이 되지 않게 하소서. 자녀 안에 있는 시기심을 용서하소서. 남의 실패를 은근히 즐기려는 연약한 마음을 주님 앞에 내려놓게 하소서.

아버지, 주님께서 자녀에게 주신 길을 기쁨으로 걸어가게 하시고, 주님의 기준 안에서 만족과 평안을 누리게 하소서.

예수님의 이름으로 기도합니다. 아멘.

겸손으로 교훈을 받아들이게 하소서

하나님 아버지, 저의 자녀가 친구나 원수 할 것 없이 누구에게서든 겸손한 마음으로 교훈을 받아들이게 하소서. 다른 사람이 자녀의 잘못을 지적할 때 이를 기도로 가지고 나아가게 하시고, 마음이 상할수록 더욱 주님 앞에 엎드려 기도하게 하소서. 자녀가 자신과 의견이 다른 사람들로부터도 배울 것이 있음을 인정하며, 주님의 은혜로 겸손히 행하게 하소서.
아버지, 자녀가 과거에 주님을 위해 무엇을 성취했는지에 머물지 않고, 앞으로 주님께서 자녀에게 무엇을 원하시는지에 더욱 마음을 두게 하소서
아버지 자녀가 사람들에게 인정받으려 하기보다, 자녀를 무시하는 자들도 귀하게 여기며, 다른 사람을 축복하는 사람이 되기를 기도합니다.
예수님의 이름으로 기도합니다. 아멘.

겸손과 용기로 관계를 회복하게 하소서

하나님 아버지, 저의 자녀가 모든 일을 제 뜻대로 하려는 마음을 버리고, 고집스럽거나 융통성 없는 사람이 되지 않기를 기도합니다. 다른 사람에게 잘못했을 때 변명하지 않고, 상처 준 사람들에게 진심으로 사과하며 용서를 구하게 하소서. 하나님과 바른 관계를 맺으면, 다른 사람과도 바른 관계를 맺고 싶어질 것입니다.

아버지, 자녀가 누군가에게 상처를 주었거나 잘못했다면, 용기를 내어 다가가게 하시고, 벽을 쌓지 않게 하소서. 상대방의 잘못이 크더라도 먼저 다가가야 할 책임이 자신에게 있음을 깨닫게 해주소서. 핑계 대지 않고, 합리화하지 않게 해주소서. 자녀가 사람들의 시선보다 예수님의 평가를 더 중요하게 여기게 하소서.

예수님의 이름으로 기도합니다. 아멘.

사랑과 섬김의 우정을 나누게 하소서

하나님 아버지, 저의 자녀가 거래하는 우정을 하고 있지 않은지 돌아보게 하소서. 사람을 자원으로 보고, 자기 경력을 좋게 쌓거나, 성공의 발판을 마련하거나, 인맥을 넓히거나, 자존감을 높이거나, 과시하기 위해 이용하지 않게 하소서. 자녀가 상대방을 통해 얻는 것보다 잃는 것이 크다고 판단하는 순간 그 사람을 버리게 될 수 있고, 자녀 또한 같은 이유로 버림받을 수도 있음을 알게 하소서.
아버지, 자녀가 상대방을 이용하기보다는 섬기며, 저울질하기보다는 도와주고, 응원하고, 격려하며, 용서하고, 세워주게 하소서.
아버지, 자녀의 목표와 야망보다는 상대방이 잘 되는 게 더 중요한 우정을 나누는 자녀가 되게 하소서. 아버지, 도와 주소서.
예수님의 이름으로 기도합니다. 아멘.

예수님 안에서 수치와 두려움을 이기게 하소서

하나님 아버지, 예수님은 저의 자녀에게서 수치를 거둬 십자가에 못박으셨습니다. 감사합니다. 예수님은 자녀의 구속과 치유를 위해 무자비한 수치와 괴롭힘을 당하셨습니다. 그로인해 자녀의 수치는 모든 힘을 잃었음을 믿습니다. 부요하신 분이 자녀를 위해 가난해지심으로 자녀에게 부요해질 길이 열렸음을 감사드립니다. 수치를 없애는 부를 주셨고 자녀에게 힘을 주는 사랑의 부입니다. 찬양합니다. 아버지, 확신과 보호, 인정을 주는 내면의 부를 주심을 감사드립니다. 자녀 안의 열등감과 불안감, 두려움을 몰아내는 예수님이 주시는 구원하고 사랑하고 용서하는 부를 저의 자녀가 받습니다. 예수님만으로 충분합니다. 예수님의 은혜와 사랑으로 자녀의 마음과 얼굴을 다른 사람에게 향하고, 모든 사람을 대접하며, 담대하고 강한 사랑을 실천하게 도와주소서.
예수님의 이름으로 기도합니다. 아멘.

사랑으로 다가가 화해와 신뢰를 이루게 하소서

하나님 아버지, 저의 자녀에게 갈등 속에서도 다른 사람을 탓하지 않고, 먼저 다가가 관계를 회복하려는 용기를 주시고, 상대방이 자신의 마음을 편안하게 나눌 수 있도록 사랑으로 대하게 해 주소서. 성령님께서, 자녀의 마음 안에서 인도하심을 듣고 순종하는 사람이 되게 하소서. 아버지, 권위는 강요나 통제가 아니라 섬김에서 나온다는 것을 깨닫고, 책임감 있는 리더로서 사람들과 신뢰를 쌓으며, 함께 결징해 가노록 도와주소서.

아버지, 자녀가 권위자에 대해서 그들이 잘못했다고 해서 자녀도 경건한 태도와 성경적인 원칙을 따르지 않아도 된다는 변명을 하지 않게 하소서. 지도자에 대해 긍휼히 여기는 마음을 주소서. 무엇보다도 열심히 사랑하게 하소서.

예수님의 이름으로 기도합니다. 아멘.

온유한 사랑과 생명의 말을 하게 하소서

하나님 아버지, 저의 자녀가 이 세상에서 예수님의 향기로서 온유의 열매를 맺기를 기도합니다. 자녀의 말에서 예수님이 묻어나게 하소서. 은혜가 가득한 말, 죽이는 말이 아니라 생명을 주는 말, 사랑으로 진리를 일깨워 주는 말, 깔아뭉개는 말이 아니라 세워주는 말, 비판하는 말이 아니라 격려하는 말, 저주가 아니라 축복의 말, 험담이 아니라 칭찬해주는 말, 상스러운 말이 아니라 순결한 말, 영혼을 강건하게 해주는 말을 하게 도와주소서.

아버지, 자녀가 내면의 두려움과 열등감 때문에 겉으로 허세를 보이는 가면을 쓰지 않게 하소서. 자녀가 불안하고 두려울 때, 예수님께로 곧장 달려가서 내면의 갈등을 솔직히 고백하게 하소서. 자녀가 온유한 사랑을 하게 도와주소서.

예수님의 이름으로 기도합니다. 아멘.

중립과 화해의 도구로 세워 주소서

하나님 아버지, 성경은 우리의 어떤 문제에 대해 양쪽의 이야기를 듣기 전에는 판단하지 말라고 하십니다. 아버지, 저의 자녀가 모든 문제에 있어 한쪽 편을 들어야 한다고 미성숙하게 생각하지 않게 하소서. 아버지, 자녀가 중립적인 상태로 있어 화해케 하는데 사용되길 기도합니다. 아버지, 자녀가 다른 사람에게 상처를 준 일이 있다면 기도하는 올바른 마음으로 그에게 가게 하여주소서. 자녀가 상대에게 입혔던 상처와 당황스러움에 대해 충분히 통회하는 마음을 품게 하소서.
아버지, 관계회복을 위해 필요한 어떤 일이라도 기꺼이 하기를 원하는 자리에까지 저의 자녀를 인도하소서. 자녀를 겸손케 하는 어려운 경험을 하게 도와주소서. 저의 자녀가 어떤 상황이든 험담을 하는 대신 기도하게 하소서.
예수님의 이름으로 기도합니다. 아멘.

사랑과 인내로 화평을 이루게 하소서

하나님 아버지, 성경은 형제나 자매의 잘못을 대할 때, 항상 사랑이 우리의 동기가 되어야 한다고 말씀하십니다. 저의 자녀가 모든 사람과 더불어 화평을 이루고, 거룩함을 추구하게 하소서. 아버지, 하나님의 때를 앞서지 않게 하시고, 하나님께서 일하시도록 기다리게 하소서. 자녀의 인내없음으로 다른 사람의 감정을 상하게 하지 않도록 지켜주시고, 자녀와 생각이 다른 사람들을 억지로 자신의 뜻대로 이끌려 하지 않게 하소서.
아버지, 자녀가 실패할 때마다 다시 일으켜 주시고 바른길로 인도해주신 은혜에 감사드립니다. 자녀도 다른 사람이 죄를 범했을 때, 정죄하지 않고 사랑과 헌신으로 대할 수 있도록 도와주소서. 자녀에게 연약한 사람을 긍휼히 여기며, 품을 수 있는 마음을 주소서.
예수님의 이름으로 기도합니다. 아멘.

은혜로 덮고 겸손히 반응하게 하소서

하나님 아버지, 저의 자녀가 남에게 수치를 주고 싶은 유혹이 들 때, 자신을 들여다보게 하소서. 남이 흥하면 기분이 나쁘고 남이 망하면 기분이 좋은 것을 느끼는지 돌아보게 하소서. 아버지, 당사자로서는 수치스러웠을 일에 자녀가 쾌감을 느꼈다면 그것은 자녀 안이 그만큼 병들어 있다는 것임을 알게 하소서. 그런 유혹에서 자유로워지기를 기도합니다.
아버지, 다른 사람을 비판하거나 분노할 거리를 찾기보다 좋은 면을 보게 하여주소서. 누군가 잘못이나 실수를 해도 비판과 독설을 쏟아내기보다는 언제나 겸손한 자제심과 자기반성으로 반응하게 도와주소서.
아버지, 하나님의 은혜는 사람들의 흠과 죄를 덮어주십니다. 그리고 자녀의 허물과 죄도 수없이 덮어주셨습니다. 자녀가 예수님께 용서와 인정을 받고 있음을 알고, 은혜의 길로 가게 하소서.
예수님의 이름으로 기도합니다. 아멘.

하나님 안에서 자유롭고 당당한 삶을 살게 하소서

하나님 아버지, 저의 자녀가 하나님의 관점으로 자신과 다른 사람을 바라보게 하시고, 자기 자신에게 만족하며 마음의 평안을 누리고, 자녀의 능력을 마음껏 펼치게 하소서. 자녀가 자신의 가치를 폄하하는 사람들과, 자기를 향한 불만을 부추기는 모든 것을 멀리하게 하시고, 가지지 못한 것을 좇기보다 이미 가진 것들을 발견하며 감사하게 하소서.
아버지, 자녀가 하나님께서 자신을 세상에서 유일한 존재로 사랑하심을 믿고 기뻐하게 하소서. 아버지, 자녀가 그 사랑 안에서, 다른 사람의 인정이나 사랑을 받기 위해 애쓰며 남을 따라 살 필요가 없음을 알게 하소서. 남과 자신을 비교하는 일을 멈추고, 하나님 안에서 자유롭고 당당한 삶을 살게 하소서.
예수님의 이름으로 기도합니다. 아멘.

교만과 시기심에서 벗어나게 하소서

하나님 아버지, 자녀가 자신을 가장 중요하게 여기며 다른 사람의 인정을 갈망하는 교만에 빠지지 않게 하시고, 하나님께서 자녀에게 맡기신 역할을 무시하거나 다른 사람을 부러워하는 시기심에 흔들리지 않게 하소서. 자녀가 자부심을 가지고 사람들과 건강한 관계를 맺게 하소서. 남들처럼 되려 하다가 자신의 정체성을 잃고 낙심하지 않게 하시고, 하나님이 자신을 특별히 사랑하신다는 걸 믿고, 그 사랑 안에서 기뻐하게 하소서.

아버지, 자녀가 자기 자신을 소중히 여기게 하시고, 다른 사람의 시선에 휘둘리지 않게 하소서. 하나님께서 자녀를 높이시고, 하나님의 의로 빛나게 하셨음을 믿으며, 과거의 실패나 상처에 얽매이지 않고 구원과 회복의 은혜에 감사하게 하소서.

예수님의 이름으로 기도합니다. 아멘.

하나님만 예배하며 우상을 멀리하게 하소서

하나님 아버지, 저의 자녀가 마음과 목숨과 뜻을 다하여 오직 하나님만을 예배하게 하시고, 자녀 안에 나누어진 마음이 없게 하소서. 자녀가 특별히 의지하거나 힘을 얻는 어떤 것이 있다면, 그것이 곧 우상임을 깨닫게 하시고, 위기의 순간에 그런 것들을 피난처로 삼지 않게 하소서.

아버지, 저의 자녀를 구원하시고, 인생을 복되게 하신 하나님께 감사드립니다. 자녀의 삶에 하나님의 말씀 외에 다른 어떤 것도 결정적인 영향력을 갖지 않도록 지켜주시고, 유일하신 하나님을 닮아 자녀 또한 자신의 유일함과 특별함을 온전히 드러내며 살게 하소서.

예수님의 이름으로 기도합니다. 아멘.

하나님만 바라보며 비교와 교만을 이기게 하소서

하나님 아버지, 저의 자녀가 없어질 물질이나 실망시킬 사람을 의지하지 않고, 오직 주님만 바라보며 주님의 말씀에 귀 기울이게 하소서. 자신이 누구인지를 확인하기 위해 남을 바라보거나 비교하지 않게 하시고, 어떤 성취나 보상도 하나님께서 마음에 새겨주시는 확신과 같을 수 없음을 깊이 깨닫게 하소서. 자녀의 삶에 사람을 줄 세우고 비교하는 교만이 스며들지 않도록 지켜주소서.

아버지, 자녀는 경쟁할 필요 없는 하나님의 임재로 초청받은 존재임을 믿게 하시고, 다른 사람과 자리를 다투며 시간을 허비하지 않게 하소서. 남들이 자녀의 인생을 재단하게 두지 않게 하소서. 자녀의 인생을 판단하시는 분은 오직 하나님 한 분뿐이심을 믿고 찬양하게 하소서.

예수님의 이름으로 기도합니다. 아멘.

주님의 마음으로 진실한 친구가 되게 하소서

하나님 아버지, 저의 자녀가 자신에게 증오를 드러내는 사람에게 똑같이 반응하지 않고, 주님의 마음으로 대응하게 하소서. 남을 권면할 때에도 자신이 책망받기를 바라는 방식처럼 열린 마음과 따뜻한 태도, 정직한 얼굴로 진실을 말하게 하시고, 뒤에서 비난하지 않으며, 상대에게 해명할 기회를 주고 더 나은 방향으로 나아가도록 돕는 진정한 친구가 되게 하소서.

아버지, 자녀가 다툼을 일삼는 사람에게는 한두 번 권면한 후 물러날 줄 아는 지혜를 주시고, 불필요한 논쟁에 휘말리지 않게 하소서. 자녀가 사람들의 말이나 비교로 인해 주눅 들지 않게 하시고, 자신의 부족함은 오직 아버지께 가지고 나아가 성숙으로 이끄는 기회로 삼게 하소서.

예수님의 이름으로 기도합니다. 아멘.

신실하게 시작하신 일을 완성하게 하소서

하나님 아버지, 저의 자녀도 다윗처럼 하나님의 이름을 높이며 살아가게 하소서. 자녀가 골리앗과 맞서기 위해 바위 뒤에 숨지 않고, 믿음으로 전진하게 하시고, 어떤 상황에서도 아버지께 온전히 순종하게 하소서. 자녀 안에 선한 일을 시작하신 하나님께서 신실하게 그 일을 완성하실 것을 믿습니다. 아버지, 저의 자녀가 자신이 처한 상황을 다른 사람과 비교하지 않게 하시고, 마음을 지키며 영혼 깊은 곳에서 들려오는 주님의 약속을 붙잡게 하소서. 마음이 어두워지지 않게 하시고 자녀의 영혼을 온전히 아버지께 맡기게 하소서. 세상의 잡음을 멀리하고 하나님의 음성에 집중하게 하시며, 수많은 흥밋거리로 마음이 나뉘지 않도록 의식적으로 주님의 뜻을 선택하게 하소서. 성령님 도와주시고 인도하여 주소서.
예수님의 이름으로 기도합니다. 아멘.

경쟁 속에서도 하나님 영광을 구하게 하소서

하나님 아버지, 저의 자녀가 자신의 명성을 위해 살다가 자기중심적인 독재자가 되지 않게 하시고, 다른 사람을 향해 빗장을 걸지 않으며, 열린 마음으로 두 팔을 벌려 따뜻하게 환영하게 하소서. 자녀가 자신이 처한 상황과 경쟁자의 상황을 비교하지 않고, 경쟁자를 향한 복수심을 내려놓고, 마음을 부드럽게 지키게 하소서. 경쟁자는 자녀를 더욱 진실한 사람으로 만들어가는 도구임을 깨닫게 하시고, 자녀의 삶에 경쟁자를 허락하셔서 단련하고 변화시키시는 아버지께 감사하게 하소서.

아버지, 자녀가 불평하지 않고 기도와 찬양으로 하나님께 나아가며, 자신의 영광이 아닌 하나님의 영광을 위한 싸움을 할 때, 오직 하나님이 주시는 힘으로 감당하게 하소서.

예수님의 이름으로 기도합니다. 아멘.

두려움을 이기고 사랑으로 자비를 베풀게 하소서

하나님 아버지, 저의 자녀가 의식하지 못했을지라도 근거 없는 두려움이 자녀의 삶에서 많은 것을 앗아갔음을 깨닫게 하소서. 자녀가 사랑을 행동으로 옮기려는 순간 두려움이 마음을 마비시키고, 한 발짝도 내딛지 못하게 했던 경험을 기억하게 하소서. 아버지, 예수님께서 저의 자녀를 용서하신 것처럼 자녀도 타인의 죄를 마주할 때 모욕감을 주지 않고, 예수님을 바라보며 용서하게 하소서.

아버지, 자녀가 하나님의 인도하심에 따라 조건 없는 자비를 베풀게 하시고, 그 자비를 통해 상대가 빛 가운데로 나아올 수 있음을 믿게 하소서. 또한 자녀의 마음에도 놀라운 치유의 역사가 임하게 하소서.

예수님의 이름으로 기도합니다. 아멘.

하나님의 사랑안에서 두려움 없이 사랑하게 하소서

하나님 아버지, 하나님의 신실하신 사랑이 저의 자녀의 행위에 근거하지 않음을 감사드립니다. 하나님의 사랑은 영원하며 결코 끊어지지 않고, 그 사랑에 온전히 맡긴 것은 결코 사라지지 않음을 믿게 하소서. 아버지, 자녀가 하나님의 두려움 없는 사랑을 한없이 받고 있음을 감사드립니다. 예수님은 하나님께서 예수님을 사랑하신 것처럼 저의 자녀를 사랑하시며, 그 사랑으로 고난을 인내하시고 자녀의 구원이라는 소망과 비전을 이루셨음을 찬양하게 하소서. 하나님은 자녀가 어떤 과거를 가졌든 여전히 사랑하시며, 자녀가 미래에 또 실수하거나 죄를 범할 것을 두려워하지 않으십니다.

아버지, 사랑할 때 자녀의 마음에 아픔이 따를 때가 많지만, 두려움 없이 아버지 앞에 마음을 열 수 있는 용기를 주소서.

예수님의 이름으로 기도합니다. 아멘.

사랑이 이기는 삶을 살게 하소서

하나님 아버지, 저의 자녀가 자신의 연약함을 발견하더라도 부끄러워하며 하나님을 피하는 것이 아니라, 오히려 소망을 품고 하나님을 바라보게 하소서. 자녀의 모든 두려움을 하나님의 완전한 사랑으로 물리치게 하시고, 아버지의 측량할 수 없는 사랑을 믿고 담대히 주 앞으로 나아가게 하소서. 어떤 것도 하나님의 사랑과 비교할 수 없으며, 그 사랑이 자녀의 죄와 허물을 덮어주심을 믿습니다. 언제나 사랑이 이기며, 사랑 안에서 자녀는 항상 안전하다는 진리를 붙잡게 하소서.

아버지, 자녀가 인생에서 어떤 상처를 입더라도, 사랑으로 치유될 수 있음을 믿습니다. 저의 자녀가 장차 배우자를 두려움 없이 사랑하게 하시고, 부모와 자녀에게도 조건 없는 사랑을 흘려보내는 사람이 되게 하소서.

예수님의 이름으로 기도합니다. 아멘.

진정한 사랑과 신뢰로 우정을 키우게 하소서

하나님 아버지, 저의 자녀가 질투나 소유욕, 두려움이 아닌 진정한 사랑과 신뢰를 바탕으로 한 우정을 키워나가게 하소서. 자녀가 자신이 하는 일과 일터, 소속된 기관, 교회, 그리고 일상의 삶을 진심으로 사랑하게 하소서. 자녀가 사랑하는 사람의 실수와 죄를 마주할 때, 낙심하거나 포기하지 않고 오히려 더 깊고 성숙한 사랑을 향해 나아가게 하소서.
아버지, 자녀가 원수까지도 사랑하는 삶에 도전하게 하소서. 비록 상황이 쉽게 바뀌지 않더라도 자녀의 마음은 얽매임에서 벗어나 참된 자유를 누리게 하소서. 아버지, 자녀가 흔들리고 넘어질 때마다 그 사랑의 힘으로 다시 일어나게 하시고, 다시 일어난 자녀가 다른 이들을 세우며 담대히 나아가게 하소서.
예수님의 이름으로 기도합니다. 아멘.

상처와 두려움 없이 사랑을 실천하게 하소서

하나님 아버지, 저의 자녀가 남편과 자녀, 친구에게 예수님처럼 되기를 기대하거나 요구하지 않게 하소서. 그들이 최선을 다하고 있음을 믿고, 기대에 미치지 못할 때는 비난보다 만회할 기회를 먼저 내어주는 사람이 되게 하소서. 아버지께서 자녀의 과거와 실수에도 포기하지 않으시고, 자녀가 상상하는 것보다 더 나은 일을 해내리라 믿어주심을 감사합니다.

아버지, 저의 자녀도 다른 사람을 판단하지 않고, 자신이 믿음을 받고 싶듯 타인을 믿어주는 사람이 되게 하소서. 자녀가 상처받을까 두려워 사랑을 움츠리지 않게 하시고, 사랑과 능력과 절제하는 마음으로 오늘도 누군가에게 먼저 손 내밀게 하소서. 예수님의 이름으로 기도합니다. 아멘.

인생의 파도 앞에 담대히 서게 하소서

하나님 아버지, 앞으로 닥칠 일과 다른 사람들의 평가는 저의 자녀가 통제할 수 없지만, 그것에 어떻게 반응할지는 자녀가 선택할 수 있음을 믿습니다. 자녀가 인생의 파도 앞에서 자신을 낮추고, 문제 속에서 깨달음을 얻을 때, 성령님께서 영적 깊이와 경건의 능력을 더해주실 것을 믿습니다.

아버지, 시험은 자녀의 정체성을 훼손할 수 없으며, 자녀의 정체성은 과거의 실패나 현재의 모습으로 결정되지 않고, 오직 예수 그리스도께서 이루신 일로 그리스도 안에서 완전하게 세워졌음을 믿습니다.

아버지, 자녀가 어떤 시험을 만나도 이 진리를 붙들게 하시고, 그리스도를 닮아가며 진정한 자존감을 지닌 사람으로 자라게 하소서. 자녀의 반석이 되시는 예수님을 찬양하며, 감사드립니다.

예수님의 이름으로 기도합니다. 아멘.

시련을 통해 자라며 하나님의 지혜를 붙들게하소서

하나님 아버지, 시험과 시련은 마음의 땅을 갈아엎어 자녀의 성장을 가로막던 요소들을 제거하며, 자녀를 준비시키고 온전히 세워가는 과정임을 믿습니다. 아버지, 자녀가 시험을 당할 때에야 비로소 무릎 꿇고 진리의 말씀에 귀 기울이는 어리석은 사람이 되지 않게 하시고, 자녀 스스로 지혜가 없음을 인정하며 지혜로우신 하나님 앞에서 겸손히 자신을 낮추게 하소서. 거짓을 끊고 진리를 붙들게 하시며, 하나님의 말씀 없이도 살 수 있다는 미혹하는 영이 속삭이는 거짓말에 흔들리지 않게 하소서. 하나님의 뜻을 떠난 지혜는 존재하지 않음을 믿습니다.

아버지, 자녀가 과거의 영광이나 수치 아래 머무르지 않고, 현재라는 빛 가운데, 점점 밝아오는 하나님의 미래를 기대하며, 그 길을 담대히 걸어가게 하소서.

예수님의 이름으로 기도합니다. 아멘.

넘어져도 다시 일어서는 자녀가 되게 하소서

하나님 아버지, 하나님께서 저의 자녀와 함께 하시며 반드시 자녀가 있어야 할 자리로 인도해주실 것을 믿고 감사드립니다. 아버지, 자녀가 넘어졌다가 일어설 때 엉망진창인 자신을 보며 의기소침해 하지 않게 하소서. 악인은 다시 일어나지 못할 치명적인 넘어짐을 당하지만, 주님의 자녀인 저의 자녀는 다시 일어설 수 있음을 믿습니다. 자녀가 넘어질 때 반격하거나 후회를 반복하기보다, 뒤를 돌아보지 않고 앞을 향해 나아가게 하소서. 넘어짐은 인생의 교훈을 얻을 기회임을 알게 하시고, 또 다른 역경이 자녀를 불러세울지라도 끈질기고 신실하게 순종하게 하소서. 하나님께서 마침내 아버지의 집으로 저의 자녀를 인도하실 것을 믿습니다. 감사드립니다.
예수님의 이름으로 기도합니다. 아멘.

예배와 교제로 믿음을 깊이하게 하소서

하나님 아버지, 저의 자녀가 하나님을 높이기 위해 기꺼이 모이기를 힘쓰게 하시고, 경건한 사람들과의 교제 속에서 은혜의 기쁨을 누리게 하소서. 자녀가 하나님과의 연결을 놓치지 않게 하시며, 영적으로 무감각하거나 완고해지지 않도록 붙들어 주소서. 예배를 소중히 여기고 말씀과 기도를 통해 하나님을 더욱 깊이 알아가게 하소서,

아버지, 자녀가 하나님께서 자녀를 의롭다 하시며 하나님의 가족으로 삼으셨음을 믿음으로 고백하게 하소서. 자녀 안에 거하시는 성령님을 기억하며, 새 하늘과 새 땅에서 자녀의 자리가 보장되었음을 감사하게 하소서.

예수님의 이름으로 기도합니다. 아멘.

지혜롭게 분별하고 긍휼로 행하게 하소서

하나님 아버지, 저의 자녀가 자신의 욕구를 무조건 따르지 않고, 서두르지 않으며 지혜롭게 판단하도록 도와주소서. 근심이 찾아올 때 무엇보다 하나님을 가장 먼저 의지하게 하시고, 아버지 안에서 참된 쉼을 누리게 하소서. 자녀가 마음의 무거움을 나눌 수 있는 지혜롭고 따뜻한 사람들을 곁에 두게 하시고, 그들을 통해 하나님을 더욱 깊이 알게 하소서. 아버지, 자녀가 근심하는 이들에게도 선한 말로 위로하며, 하나님의 사랑을 전하는 사람이 되게 하소서.
아버지, 분노로 다른 사람을 멸시하거나 깎아내리는 어리석음을 따르지 않게 하시고, 앙갚음을 피하며 상대의 위신을 세워주는 사랑을 실천하게 하소서. 언제나 겸손과 긍휼로 행하며 주님의 성품을 닮아가는 자녀가 되게 하소서.
예수님의 이름으로 기도합니다. 아멘.

말과 태도에 존중과 배려가 담기게 하소서

하나님 아버지, 저의 자녀가 남의 필요를 먼저 생각하고 상대의 변화를 돕는 따뜻한 사람이 되게 하소서. 직접 대면할 때든 온라인상에서든 자신의 말에 분노나 비난이 담겨 있는지 돌아보게 하시고, 다른 이의 허물을 덮어줄 수 있는 사랑의 마음을 주소서. 자녀가 자신의 내면을 살펴 남을 멸시하거나 깔보려는 마음이 있는지 분별하게 하시고, 그런 마음이 발견될 때 성령의 조명 아래 회개하고 새로워지게 하소서.

아버지, 어떤 상황에서도 무례한 태도나 경멸의 말이 자녀의 입술에서 나오지 않도록 도와주시고, 말 한마디가 누군가에게 깊은 상처가 될 수 있음을 알게 하셔서 자녀가 늘 자신의 말을 신중히 지키게 하소서. 자녀의 언어가 사람들을 살리고 세우는 도구가 되기를 원합니다.

예수님의 이름으로 기도합니다. 아멘.

정체성을 지키고 말로 생명을 전하게 하소서

하나님 아버지, 저의 자녀가 주님의 말씀 안에서 자신의 정체성을 분명히 알고, 다른 사람들의 가시 돋친 말에 쉽게 상처받지 않도록 지켜주소서. 말은 때로 상처를 입히기도 하지만, 치유할 수도 있음을 기억하게 하시고, 자녀의 혀가 온유하여 생명 나무처럼 복을 전하는 도구가 되게 하소서.

아버지, 자녀의 주변에는 축복과 인정의 말을 간절히 바라는 이들이 많습니다. 자녀가 날마다 의지를 가지고 칭찬과 격려의 말을 전하며, 사랑과 은혜로 사람들을 세우는 자가 되게 하소서. 자녀의 입술에 파수꾼을 세우시고, 입의 문을 지켜 주셔서 언제나 주님을 닮은 말만 하게 하소서.

예수님의 이름으로 기도합니다. 아멘.

따뜻한 언어로 하나님의 영광을 나타내게 하소서

하나님 아버지, 저의 자녀가 언제나 진실하고 인격적이며, 친절하고 따뜻하며 사려 깊은 말을 하게 하소서. 누구에게도 짜증이나 조바심, 무관심으로 대하지 않게 하시고, 함부로 말하거나 충동적으로 내뱉지 않도록 지켜주소서. 자녀의 말이 순은처럼 정제되어 듣는 이들에게 더욱 매력 있고 설득력 있게 하시며, 무엇보다 그 언어가 주님의 영광을 나타내는 도구가 되게 하소서.

아버지, 자녀에게 때에 맞는 말을 할 줄 아는 지혜를 주시고, 때로는 침묵이 더 큰 지혜임을 깨달아 말할 때와 멈출 때를 분별하게 하소서. 자녀가 어떤 상황 속에서도 조급함이나 두려움에 흔들리지 않고, 오직 예수님을 온전히 신뢰하고 의지하게 하소서.

예수님의 이름으로 기도합니다. 아멘.

절제된 언어와 지혜로운 성품으로 자라가게 하소서

하나님 아버지, 저의 자녀가 말을 많이 할수록 다른 사람의 이야기를 잘 듣지 못하게 되고, 그로 인해 자녀의 말도 다른 사람에게 잘 전달되지 않을 수 있음을 깨닫게 하소서. 자녀에게 절제와 분별력을 주셔서 그의 말이 더욱 신중하고 의미 있게 하시며, 지혜롭고 은혜로운 영향력을 전하는 말이 되게 하소서. 자녀가 삶 속에서 지혜로운 성품을 훈련하며 자라가게 하시고, 그 여정 속에서 주님의 인도하심을 깊이 경험하게 하소서.
아버지, 자녀가 하나님을 신뢰하며, 좋은 조언에 기꺼이 귀 기울이고, 신중히 계획하며, 자신의 말과 감정을 절제할 줄 아는 지혜로운 길을 걷게 하소서. 모든 상황 속에서 자녀가 하나님의 선하신 약속을 굳게 믿고 의지하게 하소서.
예수님의 이름으로 기도합니다. 아멘.

말로 덕을 세우며 축복의 통로가 되게 하소서

하나님 아버지, 저의 자녀가 선한 말을 통해 마음이 주님 안에서 더욱 풍성해지게 하소서. 자녀가 다른 사람을 세워주고 존중하며, 그들에게 힘이 되어주는 따뜻한 사람이 되게 하시고, 자녀의 말과 행동이 상대방을 든든히 세우고, 자존감을 북돋아주는 은혜의 도구가 되게 하소서. 자녀가 덕을 세우며 사랑을 실천하는 삶을 살고, 그 삶을 통해 주변 사람들에게 축복의 통로가 되게 하소서. 유덕한 마음을 자녀에게 부어주셔서 자녀를 통해 낮은 이들이 격려와 위로를 얻게 하시고, 자녀의 말이 언제나 주님의 명예를 위해 정결하게 사용되도록 성령께서 친히 인도하여 주소서.
예수님의 이름으로 기도합니다. 아멘.

재물보다 정직과 청지기의 삶을 따르게 하소서

하나님 아버지, 자녀가 재물을 소중히 여기되 결코 그것을 의지하지 않게 하시고, 돈을 자신의 견고한 성처럼 여기지 않으며, 재물에 대한 집착으로 인해 멸망하는 일이 없도록 지켜주소서. 자녀가 부를 쌓기 위해 부지런히 일하되 언제나 정직한 방법을 따르게 하시고, 땀 흘려 얻는 수고 속에서 바른 재물을 얻게 하소서. 돈을 벌 때 방탕하거나 부당한 이익을 추구하지 않게 하시고, 뇌물이나 속임수, 약자를 착취하거나 무자비한 방법으로 남의 원망을 사는 일이 없게 하소서.

아버지, 자녀가 모든 것이 하나님 앞에 드러나 있음을 기억하고 정직함을 잃지 않게 하시며, 자신이 가진 모든 것이 하나님의 것임을 고백하며 살아가는 청지기가 되게 하소서.

예수님의 이름으로 기도합니다. 아멘.

재물보다 하나님께 부요한 삶을 살게 하소서

하나님 아버지, 재물이 자녀의 시간과 기력, 생각을 빼앗지 않도록 지켜주시고, 쌓아둘 수도 지킬 수도 없는 재물을 좇느라 정작 하나님께 부요하지 못한 어리석은 삶을 살지 않게 하소서. 자녀가 하나님께 더욱 부요한 삶을 살아가게 하시고, 재물은 움켜쥘수록 새어나가고, 흩을수록 더 거두게 됨을 깨달아, 참된 부의 길은 아낌없이 나누는 데 있음을 알게 하소서.
아버지 자녀가 주변 사람들을 유익하게 하기 위해 때로는 손해를 감수할 줄 아는 넉넉한 사람이 되게 하시고, 그런 삶을 통해 하나님이 주시는 형통함을 누리게 하소서. 자녀가 정의롭고 공정한 태도로 사람을 대하며 신뢰받는 사람이 되도록 인도해 주소서.
예수님의 이름으로 기도합니다. 아멘.

절제와 인내로 마음을 다스리게 하소서

하나님 아버지, 저의 자녀가 자신의 생각을 깊이 살피고 예배를 통해 태도를 바르게 가꾸는 지혜로운 마음을 갖게 하소서. 자녀가 자신을 정복하고 절제할 줄 아는 사람으로 자라나, 용사보다 더 나은 인내의 사람 되게 하시고, 감정대로 반응하지 않고 마음을 다스릴 줄 아는 사람이 되게 하소서.
아버지, 자녀가 스스로 절제를 강화해야 할 부분을 바르게 인식하게 하시고, 이해하려 하기보다 화부터 내는 조급한 마음에서 벗어나게 하소서.
아버지, 자녀가 인내심 있게 부드럽게 말할 줄 아는 유순한 대답을 할 수 있게 하시고, 상대를 최대한 인정하며 침착하게 대하는 태도와 위로부터 오는 겸손한 마음을 가지게 하소서.
예수님의 이름으로 기도합니다. 아멘.

신중하고 겸손한 말로 관계를 세우게 하소서

하나님 아버지, 저의 자녀가 함부로 말해 놓고 후회하는 일이 없게 하시고, 경솔한 말로 다른 이들에게 상처를 주지 않게 하소서. 사람 사이에 다툼을 일으키는 교만을 버리고, 겸손하고 신중하며 사려 깊은 말로 상대의 마음을 열어 다툼을 피하게 하소서. 자녀가 의지를 가지고 다른 사람의 교훈을 기꺼이 받아들이며, 자만심은 내려놓고 건강한 자긍심을 품게 하여주소서.

아버지, 인내와 헌신으로 관계를 가꾸며 열린 마음을 지닌 자녀가 되게 하시고, 그리스도 안에서 이미 존귀한 존재임을 깊이 믿어 사람들의 시선을 끌려 애쓰지 않게 하소서. 오히려 주위 사람들을 세워주는 자가 되게 하소서.

예수님의 이름으로 기도합니다. 아멘.

진실과 감사로 입술을 지키게 하소서

하나님 아버지, 저의 자녀가 누구에게나 아낌없이 감사와 칭찬을 건네는 사람이 되게 하시고, 언제나 정직과 섬김을 이익보다 앞세우게 하소서. 자녀가 말싸움을 즐기거나 함부로 비판하며 늘 논쟁과 다툼을 일으키는 사람이 되지 않게 하시고, 남을 험담하거나 이간질하지 않도록 그의 마음과 입술을 지켜 주소서. 자녀가 노골적인 거짓말을 멀리할 뿐 아니라, 자신에게 유리하게 진실을 조금이라도 왜곡하거나 감추려 할 때마다 회개하게 하시고, 오직 진실만을 말하게 하소서. 과장하거나 사실을 비틀지 않으며, 자신에게 불리할지라도 진실의 중요한 부분을 빼놓지 않게 하소서.

아버지, 자녀가 모든 무익한 말에 대해 자신을 심판하실 주님을 기억하며, 두려움과 경외심으로 입술을 지키게 하소서.

예수님의 이름으로 기도합니다. 아멘.

선한 말로 근심을 덜고 평화를 이루게 하소서

하나님 아버지, 저의 자녀가 유순하게 말하도록 부르심을 받았음을 믿습니다. 자녀가 욕을 당하시되 맞대어 욕하지 않으신 예수님을 본받아, 언제나 선한 말로 근심을 덜고, 유순한 말로 분노와 적의를 잠재우는 사람이 되게 하소서. 자녀의 말에 속임이 없고, 선입견 없이 침착하고, 진실되며, 필요한 때에는 직언할 줄 알고, 때로는 과묵하게 하소서. 듣는 이가 누구든 자녀의 말로 인해 유익을 얻고 위로받을 수 있도록 지혜로운 입술을 허락하소서.

아버지, 자녀가 험담을 멀리하고, 그것이 관계를 해치고 자신의 평판도 무너뜨린다는 사실을 분명히 알게 하시며, 책망과 훈계를 기꺼이 받아들이고, 겸손히 배우는 마음을 주소서. 한마디의 지혜로운 충고를 통해서도 깊이 배우고, 주님의 음성을 민감하게 들으며 순종하는 자녀가 되게 하소서.

예수님의 이름으로 기도합니다. 아멘.

진실을 분별하고 겸손을 배우는 마음을 주소서

하나님 아버지, 저의 자녀가 거짓말은 결국 드러나게 마련이며, 거짓된 행동은 결국 재앙을 피할 수 없음을 깨닫게 하소서. 자녀가 자신을 정당화하려는 마음으로 듣고 싶은 말만 듣고 믿는 것이 아니라, 날마다 주님의 의를 의지하며 진실을 분별하는 삶을 살아가게 하소서.

아버지, 자녀가 주변 사람들을 업신여기려는 마음을 물리치게 하시고, 남과 자신을 비교하며 우월감을 가지려 하거나, 무의식적으로 다른 이의 흠을 찾는 사람이 되지 않게 하소서. 자녀가 자신보다 남을 낫게 여기라는 주님의 말씀을 마음에 새기고, 사람을 판단하기보다 상대의 처지에서 생각해 볼 수 있는 겸손한 마음을 갖게 하소서.

예수님의 이름으로 기도합니다. 아멘.

하나님을 의지하여 지혜로운 결정을 내리게 하소서

하나님 아버지, 저의 자녀가 여러 상황 속에서 어떻게 결정해야 할지 알지 못할 때마다, 주님 도와주소서. 자녀가 온전히 하나님을 의지함으로, 하나님의 지혜로 바른 결정을 내릴 수 있도록 인도하여 주소서. 하나님께서 자녀를 위해 세우신 계획은 결코 흠이 없음을 믿습니다. 믿음을 가지고 자녀가 깊은 자족과 평안 가운데 기쁨으로 주님의 뜻에 순종하게 하소서. 하나님은 자녀의 실패까지도 엮으셔서 본래의 계획을 이루어 가시는 분임을 찬양합니다.

아버지, 자녀가 하나님을 의지하는 삶을 통해 시간이 흐를수록 자녀의 인격이 변화되고, 모든 좋고 궂은 시절이 하나님의 선하신 뜻 안에서 열매 맺게 될 줄 믿습니다. 자녀의 계획과 결정도 날마다 지혜로워지게 하소서.

예수님의 이름으로 기도합니다. 아멘.

겸손과 지혜로 살아가게 하소서

하나님 아버지, 저의 자녀가 돈보다 지혜와 명철이 더 귀하다는 진리를 마음에 새기게 하소서. 지혜 없는 부는 자녀를 더 큰 어려움과 위험에 빠뜨릴 수 있음을 깨닫게 하시고, 참된 유익은 주님의 지혜 안에 있음을 알게 하소서.

아버지, 자녀가 물질보다 관계가 더 소중하다는 사실을 배워 사랑과 신뢰로 맺어진 건강한 관계 안에서 기쁨과 의미를 누리게 하소서. 아버지, 성품과 선한 양심, 믿음의 관계 위에 세워지지 않은 성공이라면 자녀에게 허락하지 마시고, 자녀가 오직 주님의 뜻 안에서 바르고 지혜로운 축복을 누리며 살아가게 하소서.

예수님의 이름으로 기도합니다. 아멘.

큰 성공을 감당하는 겸손과 지혜를 주소서

하나님 아버지, 저의 자녀가 절제와 지혜로운 관리, 만족을 미루는 미덕을 배우게 하셔서 순간적인 유혹에 쉽게 흔들리거나 재물을 낭비하지 않게 하소서. 주님의 섭리로 자녀가 많은 재물이나 영향력을 갖게 될 때, 그에 걸맞은 책임감과 이를 감당할 지혜와 겸손, 사랑도 함께 자라나게 하소서.

아버지, 자녀가 재산을 자신의 수고로 얻었다고 우쭐대지 않게 하시고, 모든 것이 하나님의 은혜임을 고백한 다윗처럼 겸손하게 하소서. 자녀가 자신의 재정을 자신만의 안전과 만족을 위한 수단으로 여기지 않고, 주님께서 자신에게 부어주신 은혜처럼 가난하고 소외된 이웃에게도 기꺼이 나누는 삶을 살게 하소서.

예수님의 이름으로 기도합니다 아멘

사랑으로 이웃을 섬기게 하소서

하나님 아버지, 자녀에게 긍휼의 마음을 부어주시고, 그 마음이 말에 그치지 않고 삶으로 구체적으로 나타나게 하소서. 자녀가 도움이 필요한 이들을 대할 때 마음이 무뎌지지 않게 하시고, 그들에게 실제로 유익한 방식으로 돕게 하시며, 그 방법을 분별할 수 있는 지혜도 함께 주소서. 자녀가 사람과 관계를 맺을 때 손익을 따지지 않게 하시고, 부유한 사람에게만 가까이하며 어려운 이웃을 외면하는 이기심이 없게 하소서.

아버지, 자녀에게 생색내는 태도나 은근한 우월감이 있다면 깨닫고 회개하게 하시고, 주께서 그들을 향해 품으신 사랑을 자녀의 마음에도 부어주소서. 예수님의 이름으로 기도합니다. 아멘.

분별력과 겸손으로 사람을 대하게 하소서

하나님 아버지, 저의 자녀가 그리스도 안에서 값없이 받은 구원에 깊이 감사하며, 그 은혜에 합당하게 의롭고 지혜로운 삶을 살아가게 하소서. 자녀에게 자신과 타인의 동기를 분별할 수 있는 지혜를 주시고, 겉모습이 아니라 마음을 헤아릴 수 있는 명철함을 주소서. 믿어야 할 사람은 신뢰하고, 조심해야 할 사람은 경계할 수 있는 분별력도 함께 허락하셔서, 오직 하나님만이 사람의 중심을 아시는 분임을 기억하게 하소서.

아버지, 자녀가 사람을 대할 때 비판적이고 인색한 태도로 관계를 해치지 않게 하시고, 날카로운 말이나 신랄한 농담으로 상처를 주지 않도록 지켜주소서. 반박이나 지적을 받을 때 쉽게 화내지 않고, 주님의 은혜로 겸손하게 관계를 유지하게 하소서. 예수님의 이름으로 기도합니다. 아멘.

하나님의 뜻을 따르는 균형 잡힌 삶을 주소서

하나님 아버지, 저의 자녀가 자신의 일정과 계획을 고집하며 주님의 뜻보다 자기 생각을 앞세우고 있지는 않은지 돌아보게 하소서. 자녀의 마음을 만지셔서 경건한 융통성과 순종을 허락하시고, 자기 뜻이 아니라 하나님의 뜻을 더욱 신뢰하게 하소서. 자녀가 현실을 지혜롭게 분별하게 하시고, 일할 때와 쉴 때를 알고 균형 잡힌 삶을 살아가게 하소서. 아버지, 게으름으로 인해 주어진 기회를 놓치지 않도록 자녀 안에 하나님의 뜻을 따르는 열정과 부지런함을 심어주소서. 자녀의 마음을 날마다 새롭게 하시고, 나태함에서 벗어나 주님의 뜻에 따라 충성스럽게 살아가게 하소서.
예수님의 이름으로 기도합니다. 아멘.

하나님만이 주인 되게 하소서

하나님 아버지, 저의 자녀가 삶의 행복을 위해 선택한 좋은 것 중 하나가 어느새 최고의 자리를 차지해 다른 모든 가치를 짓밟고 자녀의 삶을 지배하고 있지는 않은지 돌아보게 하소서. 좋은 것일수록 자녀의 가장 깊은 욕구와 희망을 채워줄 것이라는 착각에 빠지기 쉽사오니, 아버지 무엇이든 하나님보다 더 크게 자녀의 마음과 생각을 차지하는 것이 없기를 기도합니다. 자녀가 하나님만이 주실 수 있는 것을 다른 것으로 채우려 하지 않게 하시고, 마음을 쏟는 것이 우상이 되지 않도록 깨우쳐 주소서 아버지, 하나님보다 더 큰 영향을 주는 것이 있다면 자녀가 그것을 분별하게 하시고, 그 마음이 우상을 떠나 하나님께로 가까이 나아가게 하소서. 하나님만을 삶의 주인으로 모시게 하소서..
예수님의 이름으로 기도합니다. 아멘.

오직 하나님만 의지하게 하소서

하나님 아버지, 저의 자녀가 거짓된 신들의 악영향에서 벗어나는 길은 오직 하나님께로 돌이키는 것뿐임을 알게 하소서. 하나님은 자녀의 모든 결핍을 채워주시며, 자녀가 하나님을 실망시킬지라도 용서하시는 분이심을 믿고 찬양합니다.

아버지, 자녀가 피조물을 조물주보다 더 의지하지 않게 하시고, 하나님을 경외함으로 살아가게 하소서. 자녀가 마음을 다해 주님께 헌신하게 하시고, 하나님의 은혜와 용서를 깊이 경험할수록 더 깊은 경외심으로 주 앞에 나아가게 하소서. 자녀의 생명이 그리스도와 함께 하나님 안에 감추어져 있으며, 그리스도께서 나타나실 때 자녀도 함께 영광중에 드러날 것을 믿습니다. 주님만이 자녀의 생명이시며 빛이시고, 참된 아름다움이십니다. 찬양합니다. 예수님의 이름으로 기도합니다. 아멘.

우상의 속임수에서 자녀를 지켜주소서

하나님 아버지, 저의 자녀가 무엇인가를 지나치게 집착하여 그것을 지키려다 다른 약속을 쉽게 저버리거나 무모한 선택을 정당화하거나 누군가를 배신하지 않도록 하소서. 우상이 자녀의 마음을 지배하여 모든 경계를 허무는 일이 없게 하시고, 우상의 노예가 되지 않게 하소서.
아버지, 자녀가 이 세상에서 얻을 수 없는 어떤 것을 간절히 원하고, 세상이 그것을 줄 수 있다고 속삭일지라도 그 약속은 결코 지켜질 수 없음을 분별하게 하소서. 사람은 자녀의 영혼에 필요한 모든 것을 줄 수 없다는 진리를 깨닫게 하시고, 미련하고 해로운 선택을 피하며, 자녀의 마음 깊은 소망이 오직 하나님께만 향하게 하소서.
예수님의 이름으로 기도합니다. 아멘.

실망 속에서도 하나님만 바라보게 하소서

하나님 아버지, 저의 자녀가 자신을 실망시킨 대상을 원망하며 더 나은 대상을 찾으려는 습관이 결국 우상 숭배이자 영적 중독임을 깨닫게 하소서. 실망과 자책 가운데 자녀가 자기혐오나 수치심의 길로 빠지지 않게 하시고, 완고함이나 냉소, 공허함에 휩싸이지 않도록 보호하여 주소서.

아버지, 자녀의 시선을 오직 하나님께로 돌리게 하시고, 삶의 초점을 주님께 조정하게 하소서. 탐욕은 자신의 마음조차 보지 못하게 눈을 가린다는 사실을 자녀가 분별하게 하시고, 모든 탐심을 주님 안에서 다스리게 하시고, 사람이 가진 것의 넉넉함이 생명의 본질이 아니라는 진리를 마음 깊이 새기게 하소서.

아버지, 자녀가 돈을 사랑하지 않게 하시고, 물질에 대한 과도한 염려로 삶이 지배당하지 않도록 이끌어 주소서.

예수님의 이름으로 기도합니다. 아멘.

결혼 속에서 주님의 뜻을 이루게 하소서

하나님 아버지, 결혼은 하나님께서 창조하신 귀한 제도이며, 두 사람이 하나 되어 가는 모든 과정 속에 하나님께서 함께하심을 믿습니다. 아버지, 저의 자녀는 그리스도인으로서 그리스도를 대변하며, 하나님과 사람 사이를 화목하게 하는 사역에 부름받은 자임을 믿습니다. 그리스도의 십자가를 통한 구원의 은혜로 하나님의 자녀가 되었고, 은혜의 후사가 되었음을 기억하게 하소서.

아버지, 자녀가 그리스도 안에서 성령의 능력으로 날마다 변화되며, 그 힘으로 결혼 안에서도 사랑하고 섬기게 하소서. 하나님께서 사랑하라 명하실 때, 그 명령을 감당할 수 있는 능력 또한 함께 주심을 믿습니다. 아버지, 자녀가 하나님의 사랑을 깊이 경험하고, 그 사랑을 결혼생활 속에서 배우자에게 온전히 흘려보내게 하소서.

예수님의 이름으로 기도합니다. 아멘.

하나님의 손길로 결혼을 준비하게 하소서

하나님 아버지, 하나님의 모든 충만하심으로 저의 자녀를 채워주소서. 자녀가 자신을 향한 하나님의 깊고도 한없는 사랑을 깨달아, 부르심에 합당한 삶을 살아가게 하시고, 그 사랑의 능력이 삶을 통해 자연스럽게 흘러나오게 하소서.

아버지, 결혼은 알맞은 사람을 찾는 것보다 자녀 스스로 알맞은 사람이 되어가는 것이 더 중요함을 알게 하소서. 자녀가 배우자를 찾을 때 경건한 조언에 귀를 기울이게 하시고, 성령께서 주시는 평안 속에서 선택하게 하소서. 누군가가 자녀의 모든 부족함을 채워줄 거라는 기대에 의지하지 않게 하시고, 배우자를 바꾸려 하거나 통제하려 하지 않게 하소서. 하나님의 손길 안에서 서로가 다듬어져 가는 과정을 겸손히 받아들이게 하소서.

예수님의 이름으로 기도합니다. 아멘.

결혼 안에서 사랑의 열매를 맺게 하소서

하나님 아버지, 자녀의 결혼생활을 통해 자녀의 삶이 여러 면에서 더 넓어지고 깊어지게 하심을 믿습니다. 자녀가 결혼 안에서 기꺼이 배우고 성장하려는 마음을 갖게 하시고, 하나님의 은혜 안에서 겸손하고, 헌신하며, 인내하는 법을 배워가게 하소서. 결혼이란 자녀와 자녀의 배우자가 서로의 삶과 모든 것을 나누는 아름다운 연합임을 깨닫게 하시고, 이 나눔을 통해 자녀의 삶이 더 풍성해지고 복되게 하소서.

아버지, 자녀가 하나님의 사랑을 깊이 받아들임으로써, 그 사랑이 배우자를 향한 진실한 사랑으로 자연스럽게 흘러나오게 하소서. 자녀의 결혼이 생명을 낳는 나무처럼 자라게 하시고, 그 열매를 통해 사랑과 기쁨, 평안이 가정 안에 가득하게 하소서.

예수님의 이름으로 기도합니다. 아멘.

결혼 속에서 날마다 사랑이 깊어지게 하소서

하나님 아버지, 저의 자녀의 결혼이 결혼식 날보다 시간이 흐를수록 서로를 더 깊이 사랑하고 아껴주며 ,함께 성장하는 관계가 되기를 원합니다. 서로의 필요를 자신의 필요보다 더 먼저 생각하는 마음을 갖게 하소서.

아버지, 자녀가 배우자에게 비현실적인 기대를 갖지 않고 하나님 안에서 비전을 품고 함께 걸어가게 하소서. 어떤 폭풍도 견뎌내는 소망을 굳게 붙들게 하시고, 실수와 연약함을 겸손히 배우는 기회로 삼으며, 하나님의 최선을 구하게 하소서.

아버지, 자녀가 자신의 결혼에 대해 성령님이 주시는 소망으로 충만하게 하시고, 게으르지 않으며 믿음과 오래 참음으로 하나님의 약속을 유업으로 받게 하소서. 자녀의 결혼 여정 속에 하나님께서 끝까지 함께하심을 믿습니다.

예수님의 이름으로 기도합니다. 아멘.

결혼 안에서 헌신과 용서로 자라가게 하소서

하나님 아버지, 저의 자녀가 결혼 안에서 깊이 헌신하며 오래 참고, 자기 유익보다 상대를 먼저 생각하게 하소서. 자녀가 배우자의 잘못만을 탓하기보다 자신의 마음을 먼저 살피게 하시고 배우자를 변화시키는 일은 오직 하나님께 맡기게 하소서.

아버지, 자녀가 결혼 안에서 존중과 신뢰가 깃든 관계를 만들어가게 하소서. 자녀가 배우자의 연약함을 귀히 여기며 존중하게 하시고, 상처를 보복으로 되갚기보다 용서와 회복으로 나아가게 하소서. 서로가 서로에게 안전한 존재가 되게 하시고, 신뢰를 잃지 않도록 말과 행동에 절제를 더해주소서.

아버지, 자녀의 결혼이 하나님 안에서 성숙해지고 아름답게 세워져 가는 복된 여정이 되기를 기도합니다.

예수님의 이름으로 기도합니다. 아멘.

결혼 안에서 기꺼이 용서하게 하소서

하나님 아버지, 저의 자녀가 결혼 안에서 용서하기를 주저하거나 미루지 않게 하소서. 아버지, 자녀가 자신의 잘못은 정당화하면서 배우자의 잘못에 대해서는 쉽게 정죄하지 않도록 도와주소서. 자녀가 배우자의 행동이 바뀌기를 기다리며 마음속에 원망을 쌓아두는 일이 없게 하소서.

아버지, 자녀가 아직도 죄인 되었을 때에 먼저 자녀를 용서하신 주님의 은혜를 기억하게 하소서. 기꺼이 용서하려는 마음을 품게 하여주소서 아버지 자녀가 먼저 용서함으로써, 배우자에게는 비난과 절망이 아닌 회복의 기회가 되게 하소서.

아버지, 자녀가 화목하게 하는 직분을 감당하며, 하나님의 회복의 통로가 되게 하소서. 자녀의 용서를 통해 자녀의 배우자가 하나님의 은혜 안에서 새롭게 변화 받을 수 있도록 길을 열어주소서.

예수님의 이름으로 기도합니다. 아멘.

마음의 벽을 허물고 사랑으로 회복하게 하소서

하나님 아버지, 저의 자녀가 불만으로 마음을 닫아버리지 않게 하소서. 다시는 상처받지 않으려는 두려움에 마음에 벽을 쌓아두지만, 그 벽은 자녀를 지켜주지 못하고 오히려 그리스도의 사랑을 받고 나눌 수 있는 능력을 막고 있음을 알게 하소서.
아버지, 자녀가 자신을 보호하려는 이기적인 태도에 머무르지 않게 하시고, 하나님의 사랑이 자녀의 삶에 목적과 능력을 부어주심을 믿게 하소서.
아버지, 자녀의 불평과 원망이 결혼생활 속에 선한 것이 자라지 못하게 하거나, 관계 자체를 위협하는 독이 되지 않게 하소서. 자녀가 용서를 선택하여 다시 마음을 열고, 하나님의 능력이 자녀 안에 머물러 흘러가게 하시며, 배우자와 함께 기쁨과 에너지를 주고받는 관계로 회복되게 하소서.
예수님의 이름으로 기도합니다. 아멘.

불만과 두려움을 넘어 사랑으로 마음을 열게하소서

하나님 아버지, 하나님께서 저의 자녀 안에서 새로운 일을 행하시기를 원하신다는 것을 믿습니다. 부모나 조부모 세대 속에 뿌리내린 잘못된 생각이나 습관, 영적인 견고한 진이 있다면, 하나님의 말씀의 검으로 다루게 하시고, 예수님 안에서 주신 권세로 모든 어둠의 권세가 떠나가게 하소서.
아버지, 자녀의 삶을 향한 하나님의 약속은 가정의 과거 실수나 실패로 제한되지 않음을 믿습니다. 예수님께서 율법의 저주에서 자녀를 속량하시기 위해 친히 저주를 받으셨습니다. 감사합니다.
아버지, 자녀의 삶 가운데 역사하려는 원수의 모든 계획은 무력화될 것을 믿습니다. 아버지, 자녀가 그 약속 안에서 번성하게 하시고, 주님의 은혜로 새로운 가정을 아름답게 세워가게 하소서.
예수님의 이름으로 기도합니다. 아멘.

비교와 기대를 벗어나 기쁨을 누리게 하소서

하나님 아버지, 저의 자녀가 어리석은 비교로 인해 비현실적인 기대를 품지 않게 하시고, 결혼생활의 도전들을 통해 자녀의 인격이 하나님의 손길 안에서 더욱 다듬어지게 하소서. 자녀가 배우자와의 관계 속에서 과거를 들추어 비교하지 않게 하시고, 지금 주신 은혜의 기쁨을 가볍게 여기거나 억지로 만들어내려 하지 않게 하소서.

아버지, 자녀가 감정에 흔들리지 않고 모든 상황 속에서 하나님의 선하신 뜻을 바라보며, 결혼 안에서 날마다 자족함과 진정한 기쁨을 누리게 하소서. 주 안에서 누리는 기쁨이 결혼생활을 인내하며 감당할 수 있는 힘의 근원이 됨을 알고, 자녀가 기쁨과 감사로 하나님께 아뢰며, 모든 염려를 평강으로 바꾸어주시는 하나님의 약속을 굳게 믿고 감사하게 하소서.

예수님의 이름으로 기도합니다. 아멘.

새로운 시작과 용서의 은혜를 누리게 하소서

하나님 아버지, 저의 자녀에게 새로운 시작과 새로운 유산을 주셔서 감사합니다. 하나님의 천사들이 자녀의 삶을 에워싸고, 대대로 이어져 온 부정적인 영향과 원수의 역사를 끊어낼 수 있도록 보호하여 주소서. 용서와 변화의 은혜를 부어주시고, 세상적인 기대가 아니라 주님의 약속을 따라 꿈꾸는 자녀가 되게 하소서.

아버지, 자녀의 결혼이 믿음 안에서 흔들리지 않으며 배우자의 실수도 너그러이 받아들이는 자비로운 마음을 주소서. 자녀가 배우자의 잘못을 마음에 기록하지 않게 하소서. 예수님께서 우리의 죄를 용서하시고 다시는 기억하지 않으시듯, 자녀도 그 은혜를 따라 용서하고 온전히 맡기게 하소서. 자녀가 하나님의 사랑과 회복을 전하는 자로 살아가게 하소서.

예수님의 이름으로 기도합니다. 아멘.

겸손한 헌신으로 관계를 세우게 하소서

하나님 아버지, 저의 자녀가 관계 속에서 조종하거나 지배하려는 태도를 가지고 있지는 않은지 스스로 돌아보게 하소서. 성령님께서 자녀의 마음에 헌신과 진정한 만족을 심어주시고, 죄의 본성이 부추기는 이기심과 불만족에서 벗어나게 하소서.

아버지, 자녀가 날마다 육체의 소욕이 아니라 성령의 인도를 따르며 살아가게 하시고, 하나님만이 채우실 수 있는 깊은 필요들을 배우자에게서 기대하며 실망하지 않게 하소서. 자녀가 성령으로 충만해짐으로 마음이 새롭게 변화되고, 그 변화가 삶과 관계 속에 자연스럽게 나타나게 하소서.

아버지, 자녀가 결혼 안에서 자신에게 주어진 역할과 권위를 섬기고 세우는 데 사용하며, 배우자의 유익과 성장을 위해 겸손히 헌신하게 하소서.

예수님의 이름으로 기도합니다. 아멘.

하나님 아버지,

예수님의 이름으로 기도합니다. 아멘.

참고도서

이 책의 기도문은
다음과 같은 책들에서 받은 영감과 통찰 위에
세워졌습니다.

스캇 솔즈, 『예수님처럼 친구가 되어주라』
존 비비어, 『결혼』
리사 비비어, 『자존감』
팀 켈러, 『오늘을 사는 잠언』
클로이드 맥클랑, 『좋아하지 않는 사람 사랑하기』
존 비비어, 『두려움』
팀 켈러, 『내가 만든 신』
차길영, 『자녀의 꿈을 돕는 기도의 비밀』
성경, 『시편』, 『잠언』

이 책들은
저자가 하나님 아버지의 마음을 더 깊이 이해하고,
자녀와 가정, 관계 속에서 나눌 기도 제목을
구체화하는 데 큰 도움을 주었습니다.